8
LN27
41177

(Conserver la couverture)

DÉPÔT LÉGAL
Seine & Oise
Nº 663
1892

Maurice Cerf

25 Août 1892.

Messieurs,

C'est avec une douloureuse émotion que je prends la parole devant ce cercueil, pour adresser un dernier adieu et un suprême hommage à notre cher et regretté frère Maurice Cerf, au digne et vénéré président de notre communauté. Car si sa famille perd en lui un chef qui était sa couronne, son honneur et sa joie, si notre communauté perd un administrateur prudent, éclairé, plein de tact et de bienveillance, moi je perds un ami sûr, un guide et un conseiller expérimenté, qui, depuis mon arrivée à Versailles, m'a toujours honoré de sa sympathie. Je sais bien que c'est la loi des choses humaines de ne pouvoir durer toujours, et que si notre regretté frère est maintenant enlevé à l'affection de sa famille et de ses amis, la Providence divine lui avait, du moins, accordé la faveur de fournir sa carrière complète. Mais il avait conservé dans sa vieillesse une telle vigueur de corps et d'esprit, son intelligence était restée si nette, si lucide, si clairvoyante, l'on était si bien accoutumé à le trouver à toute heure à son poste, dans son imprimerie, que nous espérions jouir encore pendant de nombreuses années de sa présence, et que l'annonce du dénouement fatal nous a causé à tous une douloureuse surprise.

Hélas ! sa mort, si inattendue malgré son grand âge, plonge dans l'affliction une famille qui a conquis l'estime et le respect de tous ceux qui la connaissent ; elle met en deuil notre communauté et cause les plus sincères regrets à ses très nombreux amis. Et certes, jamais douleur ne fut plus légitime, jamais hommages ne furent mieux mérités. Car, si je pouvais dérouler ici, devant vous, l'existence de Maurice Cerf, elle vous apparaîtrait comme un harmonieux ensemble d'activité, de droiture, de simplicité et de bienveillance, embelli par le culte de la famille et le dévouement à ses semblables.

Le trait dominant, la qualité maîtresse, qui a donné à sa vie sa belle unité, c'est l'amour du travail, l'attachement passionné à sa profession. Né à Metz, en 1811, et sorti de l'Ecole mutuelle à l'âge de douze ans, il commence immédiatement son apprentissage d'ouvrier typographe, va séjourner dans diverses villes pour mieux étudier les branches variées de son art, gravit un à un tous les échelons, et devient enfin, à son tour, chef de maison. En même temps qu'il s'est perfectionné dans sa profession, il a comblé les lacunes de son instruction, étendant et variant ses connaissances, s'appliquant à comprendre les questions les plus difficiles, devenant l'ami d'écrivains distingués avec lesquels son industrie l'avait mis en rapports et qu'il avait su charmer par son esprit juste et cultivé et par ses manières affables et cordiales. A force d'activité féconde, unie à la plus scrupuleuse loyauté, et aidé de sa vaillante compagne, qui s'est associée à ses travaux et qui, à une haute intelligence et à un jugement sûr joint une bonté exquise et une remarquable modestie, l'ancien apprenti est parvenu à élever, en quelque sorte pierre par pierre, l'importante imprimerie qui porte son nom, et qu'il a eu le bonheur de transmettre à son fils, entourée comme d'un parfum de bonne renommée.

Du reste, il a toujours trouvé des collaborateurs pleins de zèle et de bonne volonté dans ses ouvriers, auxquels il témoignait en toute circonstance une sollicitude vigilante, et qui ont prouvé avec éclat qu'ils savaient apprécier son intégrité, son équité et sa paternelle bonté quand, il y a quelques mois, ils ont célébré son quatre-vingtième anniversaire, en lui manifestant de la façon la plus touchante leur attachement et leur reconnaissance.

Mais autant notre regretté frère était bon et indulgent pour les autres, autant il était sévère pour lui-même. Un fait, connu sans doute de plusieurs d'entre vous, Messieurs, montrera mieux que toutes les paroles avec quelle stricte rigueur il accomplissait ce qu'il considérait comme son devoir. C'était pendant la guerre néfaste de 1870. Les troupes ennemies, qui s'étaient répandues à travers la France comme les flots malfaisants d'un torrent dévastateur, étaient aussi venues à Versailles. Vous savez quelles étaient partout les exigences brutales du vainqueur. Maurice Cerf s'attendait à se voir intimer l'ordre, par les Allemands, de se mettre avec son imprimerie à leur disposition. Mais plutôt que de leur prêter son concours, il était décidé à leur tout abandonner, à mettre en péril sa fortune et peut-être même sa vie. Il fit plus. S'enveloppant en quelque sorte dans son patriotisme farouche, il eut le courage, pour ne pas voir la figure abhorrée du vainqueur, de ne pas sortir de sa maison tant que l'ennemi souillait de sa présence le sol de Versailles. C'est qu'en digne enfant du judaïsme et de la Lorraine, il aimait la France d'un amour ardent. Il avait été élevé dans cette ville de Metz où le sentiment patriotique a toujours vibré avec une puissance particulière ; il avait grandi dans ce quartier juif de l'Arsenal, où les familles israélites, sous l'impression, encore fraîche à cette époque, du magnifique acte de justice accompli en leur faveur, parlaient comme d'une mère bien-aimée de cette France généreuse qui avait admis les Juifs au nombre de ses enfants.

Voilà, Messieurs, ce qu'a été Maurice Cerf. Et ses concitoyens de Versailles lui ont bien prouvé, il y a de nombreuses années déjà, en quelle haute estime ils le tenaient en le nommant juge au Tribunal de Commerce, où il a eu la profonde satisfaction de se voir succéder son fils.

Ce que j'ai encore le devoir de faire ressortir ici, ce sont les services que Maurice Cerf a rendus comme président de la Communauté. Ses collègues de l'Administration l'aimaient et le vénéraient, ils écoutaient ses paroles avec une affectueuse déférence, parce qu'ils avaient une absolue confiance dans son esprit lumineux et réfléchi, dans son expérience consommée et son imperturbable bon sens. C'est sous son administration que la Communauté israélite a été dotée du beau temple qu'elle possède, et s'il faut en témoigner une éternelle reconnaissance à la généreuse donatrice qui nous l'a offert, nous ne devons pas oublier, et je l'ai entendu de sa propre bouche, qu'elle s'est trouvée encouragée à persister dans ses sentiments de bienveillance à l'égard de la Communauté, par l'estime profonde que lui inspirait Maurice Cerf. Ah ! Messieurs, l'affliction de la Communauté et de son chef religieux est grande devant ce cercueil !

Mais j'ai à peine le droit de parler de notre propre douleur en présence de la douleur de la famille, qui est si cruellement frappée. Ce qui doit pourtant vous consoler dans votre épreuve, chers amis, c'est la conviction que celui que vous pleurez a supérieurement accompli sa tâche sur cette terre ; ce qui doit consoler la femme de cœur qui a marché si vaillamment à ses côtés, pendant un demi-siècle, et a rempli à son égard le rôle d'une providence bienfaisante, ce qui a, du reste, fait le bonheur des dernières années du cher défunt, c'est que son exemple lui survit, c'est que son fils, dont il était si fier et qui lui a donné tant de sujets de contentement, suit ses traces avec une remarquable piété filiale et reste fidèle à ses habitudes de travail, de haute loyauté, de patriotisme et d'honneur ; ce qui doit nous consoler, nous tous qui l'aimions, c'est que ses amis garderont de lui un pieux souvenir et que ses ouvriers, ses administrés, ses nombreux obligés lui conserveront une place durable dans leur gratitude.

Adieu donc, cher et regretté frère ! Vous avez vécu comme un homme de bien, comme un sage, vous êtes mort comme un juste. Que le Dieu d'amour et de miséricorde vous donne, dans les régions célestes, la récompense glorieuse qu'il réserve à ses élus. Amen.

BLOCH.

Messieurs,

Avant que cette tombe ne se ferme pour toujours, j'ai le douloureux devoir, au nom du Tribunal de commerce de Versailles, de dire un dernier et suprême adieu à l'homme de bien, au regretté collègue que la mort vient de nous ravir.

Né à Metz, le 17 novembre 1811, d'une honnête famille d'artisans, M. Cerf connut les difficultés de la vie. Apprenti compositeur à onze ans, au sortir de l'Ecole mutuelle, ouvrier ensuite, chef d'atelier plus tard, patron seulement en 1842, il connut le dur labeur et dut, à force de volonté et d'énergie, gravir un à un les degrés de l'échelle sociale. L'importante imprimerie de Versailles, que nous connaissons tous et qui n'a d'égales que les grandes maisons parisiennes, fut le point culminant vers lequel tendit toujours sa volonté puissante. Ayant toujours à la mémoire ses durs débuts, M. Cerf fut un patron modèle, sachant mieux que tous autres ce que l'ouvrier doit à ses maîtres, mais aussi ce que le chef doit à ses subordonnés.

Sans cesse soucieux de leur bien-être, prenant part à leurs peines, il s'efforçait de leur apporter la bonne parole et d'adoucir pour eux, dans la mesure du possible, les difficultés de la vie.

Tous sont là, recueillis et émus, sur la tombe du chef vénéré.

Appelé en 1877, par l'estime de ses concitoyens, à faire partie du Tribunal de commerce de Versailles, M. Cerf occupa pendant huit années ces importantes et délicates fonctions.

Là, comme ailleurs, il apporta ses qualités maîtresses, l'esprit d'ordre et de justice joints à une volonté puissante. Il occupa dans notre compagnie une place d'élite; ses conseils, toujours pleins de sagesse, étaient écoutés de tous et avaient sur nos délibérations une action puissante.

Imprimeur de la Chambre des Députés et du Sénat, de 1871 à 1879, M. Cerf rendit de signalés services, qui auraient pu trouver leur récompense. Sa modestie excessive lui fit toujours un devoir de fuir tout ce qu'il considérait comme une manifestation bruyante, pouvant pour un instant appeler l'attention sur lui.

Ayant l'honneur d'appartenir à la religion israélite, M. Cerf a parcouru sa longue carrière en homme de bien. Je puis donc dire en terminant : loin de nous les querelles religieuses, querelles stériles et oiseuses, querelles d'un autre âge, dont la fin du xixe siècle a le devoir de faire justice.

Jeudi dernier, sans souffrance, sans secousse, entouré de tous les siens, qu'il aimait tant, comme l'ouvrier brisé par le dur travail, mais content du devoir accompli, l'âme sereine, l'esprit tranquille, notre regretté collègue s'est endormi du sommeil du juste.

Au nom du Tribunal de commerce de Versailles, cher Monsieur Cerf, je vous adresse le suprême adieu.

Sortais.

Messieurs,

Au nom de la Communauté israélite de Versailles, je viens dire un dernier adieu à celui qui, depuis de longues années, était son Président et son chef.

Les personnes autorisées que vous venez d'entendre ont rendu un juste hommage à ses éminentes qualités, à ses mérites, à ses vertus publiques et privées. Je viens ici exprimer les sentiments des humbles.

Notre petite Communauté versaillaise avait été heureuse, dans un moment difficile, d'obtenir de lui de prendre sa direction.

Il a apporté dans ces fonctions, souvent délicates, ses rares qualités de tact et de fermeté.

Il nous a donné le concours de la grande expérience acquise dans sa longue et dure carrière.

Grâce à lui, tout rentra dans l'ordre; sa rude franchise faisait comprendre immédiatement la force que l'on puise dans la vérité, la faiblesse que l'on trouve dans le mensonge dont il avait horreur.

Il fut heureux de présider à la construction du temple israélite de Versailles qu'une main généreuse et bienfaisante a donné à la Communauté.

Mme Furtado-Heine put abandonner sans compter à sa scrupuleuse administration les ressources nécessaires à l'édification de ce monument et à son entretien.

Je puis dire que la grande confiance, l'estime et l'amitié de notre bienfaitrice pour le chef de notre Communauté n'a pas été étrangère à la munificence de ses dons.

Sa mort est pour nous une perte cruelle. Permettez-moi d'exprimer ici ma propre douleur.

Nul en dehors de sa famille ne peut mieux que moi apprécier la valeur de celui dont les dépouilles mortelles reposent devant nous.

Souvent, lorsque j'ai eu à prendre ses sages avis, ses conseils si discrets, il m'a fait sentir un intérêt, j'oserais dire une amitié, dont je suis fier, et à laquelle j'attachais d'autant plus de prix que, dans notre époque de camaraderie facile, il savait, lui, ne pas la prodiguer.

Il était avant tout l'homme du devoir; et je crois que s'il a jamais éprouvé le désir, lui, l'homme sage et modeste, qu'un éloge fût prononcé après lui, c'est de cette appellation d'homme du devoir qu'il eût été surtout jaloux.

Et maintenant, vous, sa famille, vous, ses enfants, qui le pleurez ici, permettez-nous de joindre nos larmes aux vôtres. — Nous avons du moins cette consolation que son fils reste au milieu de nous, et nous comptons sur lui pour, comme le faisait son père, nous guider de ses conseils et nous donner son appui.

Adieu, mon cher Président, adieu, mon ami vénéré.

VORMSER.

Messieurs,

Qu'il me soit permis d'exprimer, au nom de tous les ouvriers et employés de la maison Cerf, la douleur que nous éprouvons en voyant descendre dans cette tombe celui qui fut pendant tant d'années à notre tête, en nous donnant l'exemple de l'amour du travail.

Lorsque nous jetons un regard en arrière, nous ne pouvons nous empêcher d'admirer son courage pendant une aussi longue et laborieuse carrière, et principalement pendant le séjour du Sénat et de la Chambre des Députés à Versailles. Chargé à ce moment de la prompte exécution d'abondants travaux typographiques, il se montra à la hauteur de l'importante mission qui lui incombait. Non seulement il sut triompher de toutes les difficultés, mais encore il nous seconda fraternellement pendant les longues et nombreuses veillées qu'ils occasionnèrent, adoucissant, autant qu'il était en son pouvoir, les fatigues que nous avions à supporter.

Comme nous étions heureux de le lui dire, il y a quelques mois, en célébrant son quatre-vingtième anniversaire, sa veuve, son fils et sa famille peuvent être fiers en regardant le passé : il est fait tout entier d'honneur et de dignité, de probité et de loyauté dans les affaires. Tout cela, joint à l'unanimité de nos regrets, n'est-ce pas le plus bel éloge que nous puissions lui adresser ?

Adieu ! cher et regretté patron, adieu !

Véron.

(*Extrait de* L'Écho de Versailles,

Les obsèques de M. Maurice Cerf ont eu lieu dimanche dernier, à dix heures du matin, au milieu d'une affluence considérable. Plus de douze cents personnes suivaient le convoi de cet homme de bien, de ce travailleur infatigable dont la longue et si honorable carrière avait commandé le respect et l'estime de tous.

Le deuil était conduit par M. Léopold Cerf et M. Paul Cerf, fils et petit-fils du défunt.

Venait immédiatement, après la famille, une délégation du Tribunal de commerce, ayant à sa tête, son président M. Sortais, accompagné de MM. Ottenheim, Resve, Ruissel, Quéro et Richaud. Puis le personnel de la typographie et de la lithographie ; chacun des deux groupes portant une magnifique couronne.

Citons parmi les assistants : MM. Edouard Lefebvre, maire de Versailles ; Lenoir, premier adjoint ; Dufoix, secrétaire-général de la Préfecture ; Georges Haussmann, député ; Rudelle, conseiller général, Victor Bart, Leroy, Dupay, Boulé, conseillers municipaux ; MM. Henry Lebon, Luce, Mme veuve Aubert, imprimeurs ; MM. Vormser,

Bigault, Gavin, Maljean, d'Aigremont, Rosenfeld, Raymond, Rodouan, Salone, Allaire, Imbault, Defurnes, colonel Meinadier, Alglave, docteur Rist, Maisons, de Beaussire-Seyssel, J.-H. Dreyfus, grand-rabbin de Paris ; Schœlle, H. Duchesne, Bailly, Bernard, Alexandre Batta, Dubisson, Béquet, Morisot, Brunox, Coüard-Luys, Minssen, Maurion de Laroche, Michaux, Merlin, Dax, Mariotte, Monira, Casanova, Planquette, Prodhomme, Leroy, Guioth, Fraissinhes, Appert, Saintin, Blin, Albert Petit, Crouzet, Lesbazeilles, Delaisement, Jonette, Gobert, Hipp. Robin, de Fourmestraux, Vernot, St. Carpentier, Delor, Silvestre de Sacy, Petit, maire de Viroflay, Favier, Pavion, Alfred Collas, Dutilleux, Penot, Chéron, etc.

L'imprimerie Lebon, qui compte un certain nombre d'ouvriers typographes ayant travaillé avec M. Cerf, et dont le chef a dirigé l'atelier pendant plusieurs années avant de s'établir lui-même, avait envoyé une superbe couronne.

Au cimetière, M. le rabbin Bloch a pris la parole et, dans une allocution éloquente et émue, a retracé les nombreux services rendus par M. Maurice Cerf à la Communauté israélite dont il était le Président.

Ensuite M. Sortais, au nom du Tribunal de Commerce, M. Vormser, comme représentant de la Communauté, et M. Véron, choisi par le personnel de la maison, ont pris successivement la parole.

(*Extrait du* Courrier de Versailles.

Nous apprenons la mort de M. Maurice Cerf, le fondateur de l'importante imprimerie qui porte son nom, et le doyen des imprimeurs du département.

M. Cerf venait d'avoir 81 ans et avait été juge au Tribunal de Commerce, président de la Communauté israélite et l'imprimeur des Chambres lorsqu'elles siégeaient à Versailles.

Pendant le siège de Paris, réquisitionné par les Prussiens pour l'impression du *Moniteur officiel* de l'empire allemand, il préféra, lui, d'origine lorraine, démonter ses machines plutôt que de les mettre au service de l'ennemi envahisseur. Ce fait, peu connu, méritait d'être porté à la connaissance de nos concitoyens.

M. Cerf a été, de 1873 à 1889, l'imprimeur du journal *le Courrier*, et pendant cette longue période, il nous a été permis d'apprécier ses sentiments de droiture, de justice et de probité commerciale.

Nous nous associons à la famille Cerf, pour déplorer la perte de ce travailleur et de cet homme de bien estimé de tous.

(*Extrait de* L'Imprimerie.)

Le doyen de la typographie versaillaise, si ce n'est de toute la France, M. Maurice Cerf, est mort à la fin du mois d'août dernier dans sa quatre-vingt-unième année. Certes, c'est un bel âge pour un imprimeur, surtout après une vie toute de travail, accompagnée du souci des affaires souvent si sombres dans notre profession.

M. Maurice Cerf, qui, pendant plus d'un demi-siècle, a appliqué son intelligence, son activité, ses aptitudes non ordinaires à la direction d'une importante maison d'imprimerie et d'édition, était un ancien ouvrier compositeur. Entré bien jeune dans l'imprimerie, ses qualités de travailleur, son sérieux, le conduisirent d'étape en étape, par les seuls efforts d'une volonté énergique, à la création de toutes les pièces d'un établissement de premier ordre dans le département de Seine-et-Oise.

Connaissant par lui-même le rude labeur quotidien, il sut toujours, dans ses fonctions de patron, concilier son autorité et sa bonté, qui n'excluait pas la fermeté quand il le fallait.

Eloigné de Versailles et n'ayant pu accompagner M. Cerf au cimetière, je tiens à dire ici, en quelques mots, un dernier adieu à celui qui fut autrefois mon patron.

Il faut avoir, comme moi, vécu auprès de cet

homme pour apprécier tout ce qu'il y avait en lui de bonté, d'intelligence, d'énergie et de loyauté.

Cher confrère, à votre heure dernière, j'ai la certitude que vous avez eu une suprême consolation, celle de pouvoir dire : J'emporte avec moi, dans le séjour mystérieux du repos, l'estime de tous ceux qui m'ont connu.

Je prie sa veuve, son fils et toute sa famille d'agréer l'expression de mes sincères et tristes condoléances.

Ch. V.

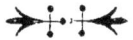

Versailles. — Imp. Cerf et Cie.

100

www.ingramcontent.com/pod-product-compliance
Lightning Source LLC
Chambersburg PA
CBHW060524050426
42451CB00009B/1145